新 HSK（三级）
高分实战试卷
1

刘 云 主编

图书在版编目(CIP)数据

新 HSK(三级)高分实战试卷 1 / 刘云主编. —北京:北京大学出版社,2012.6
(北大版新 HSK 应试辅导丛书)
ISBN 978-7-301-20712-3

Ⅰ.新… Ⅱ.刘… Ⅲ.汉语—对外汉语教学—水平考试—习题集　Ⅳ.H195-44

中国版本图书馆 CIP 数据核字(2012)第 111828 号

书　　　名:	新 HSK(三级)高分实战试卷 1
著作责任者:	刘　云　主编
责 任 编 辑:	贾鸿杰　欧慧英
标 准 书 号:	ISBN 978-7-301-20712-3/H·3063
出 版 发 行:	北京大学出版社
地　　　址:	北京市海淀区成府路 205 号　100871
网　　　址:	http://www.pup.cn
电 子 邮 箱:	zpup@pup.pku.edu.cn
电　　　话:	邮购部 62752015　发行部 62750672　编辑部 62752028
	出版部 62754962
印 刷 者:	三河市博文印刷厂
经 销 者:	新华书店
	787 毫米×1092 毫米　16 开本　1.75 印张　30 千字
	2012 年 6 月第 1 版　2012 年 6 月第 1 次印刷
定　　　价:	10.00 元

未经许可,不得以任何方式复制或抄袭本书之部分或全部内容。
版权所有,侵权必究　举报电话: 010 - 62752024
　　　　　　　　　　电子邮箱: fd@pup.pku.edu.cn

目　录

一、听　力 …………………………………………… 1

二、阅　读 …………………………………………… 6

三、书　写 …………………………………………… 12

听力材料 …………………………………………… 14

答　案 …………………………………………… 21

新汉语水平考试
HSK（三级）

注　　意

一、HSK（三级）分三部分：

  1. 听力（40题，约35分钟）

  2. 阅读（30题，30分钟）

  3. 书写（10题，15分钟）

二、听力结束后，有**5分钟**填写答题卡。

三、全部考试约90分钟（含考生填写个人信息时间5分钟）。

中国　北京　　　　　　　　　XXXX/XXXXXXX　编制

一、听　力

(听力内容请登录 http://www.pup.cn/dl/newsmore.cfm?sSnom=d203 下载)

第 一 部 分

第 1-5 题

A　　　　　　　　　　　　B

C　　　　　　　　　　　　D

E　　　　　　　　　　　　F

例如：男：喂，请问张经理在吗？
　　　女：他正在开会，您半个小时以后再打，好吗？　　D

1.
2.
3.
4.
5.

— 1 —

第 6–10 题

A

B

C

D

E

6. ☐
7. ☐
8. ☐
9. ☐
10. ☐

第二部分

第 11 - 20 题

例如：为了让自己更健康,他每天都花一个小时去锻炼身体。
　　★ 他希望自己很健康。　　　　　　　　　　　　　　(√)

　　今天我想早点儿回家。看了看手表,才 5 点。过了一会儿再看表,还是 5 点,我这才发现我的手表不走了。
　　★ 那块儿手表不是他的。　　　　　　　　　　　　(×)

11. ★ 王红是一名老师。　　　　　　　　　　　　　　(　)

12. ★ 她正在买东西。　　　　　　　　　　　　　　　(　)

13. ★ 李娜现在正在看新闻。　　　　　　　　　　　　(　)

14. ★ 学生喜欢上体育课。　　　　　　　　　　　　　(　)

15. ★ 他们明天不去动物园了。　　　　　　　　　　　(　)

16. ★ 小赵现在天天坐公共汽车上班。　　　　　　　　(　)

17. ★ 超市 8 点半开门。　　　　　　　　　　　　　　(　)

18. ★ 现在是 8 点 15 分。　　　　　　　　　　　　　(　)

19. ★ 明天他们不用去上学。　　　　　　　　　　　　(　)

20. ★ 奶奶生病了。　　　　　　　　　　　　　　　　(　)

第 三 部 分

第 21-30 题

例如：男：小王,帮我开一下门,好吗？谢谢！
　　　女：没问题。您去超市了？买了这么多东西。
　　　问：男的想让小王做什么？
　　　　　　A 开门 √　　　　B 拿东西　　　　C 去超市买东西

21. A 看电影　　　　　B 买东西　　　　　C 参加会议

22. A 是位老师　　　　B 想去旅游　　　　C 在写作业

23. A 27 岁　　　　　　B 46 岁　　　　　　C 63 岁

24. A 银行　　　　　　B 公园　　　　　　C 地铁站

25. A 坐车　　　　　　B 旅游　　　　　　C 打电话

26. A 饿了　　　　　　B 生病了　　　　　C 有心事

27. A 还在上学　　　　B 喜欢写字　　　　C 想做老师

28. A 买花　　　　　　B 看房子　　　　　C 打扫房间

29. A 女的是老师　　　B 男的打错了　　　C 女的没工作

30. A 葡萄　　　　　　B 啤酒　　　　　　C 果汁

第 四 部 分

第 31-40 题

例如：女：晚饭做好了，准备吃饭了。
　　　男：等一会儿，比赛还有三分钟就结束了。
　　　女：快点儿吧，一起吃，菜冷了就不好吃了。
　　　男：你先吃，我马上就看完了。
　　　问：男的在做什么？
　　　　　A 洗澡　　　　　　B 吃饭　　　　　　C 看电视 ✓

31. A 不大　　　　　　B 很干净　　　　　C 非常新

32. A 问路　　　　　　B 找人　　　　　　C 等车

33. A 法国　　　　　　B 中国　　　　　　C 日本

34. A 是外国人　　　　B 想学历史　　　　C 要找老师

35. A 吃面条儿　　　　B 买东西　　　　　C 找饭馆儿

36. A 吃饭　　　　　　B 上网　　　　　　C 买手机

37. A 男的饿了　　　　B 冰箱坏了　　　　C 女的回老家了

38. A 借书　　　　　　B 找人　　　　　　C 买东西

39. A 母子　　　　　　B 同事　　　　　　C 同学

40. A 大了　　　　　　B 太贵了　　　　　C 颜色不好看

二、阅 读

第 一 部 分

第 41－45 题

A 我在打扫房间啊，我要帮妈妈的忙，不然妈妈太累了。

B 还不错，有空调，住在这里应该会很舒服。

C 谢谢，快进来吃蛋糕。

D 很喜欢，有的书我都读了好多回了。

E 当然。我们先坐公共汽车，然后换地铁。

F 我想去中国看看长城、兵马俑还有东方明珠。

例如：你知道怎么去那儿吗？　　　　　　　　　　　　　　　（ E ）

41. 你喜欢张爱玲写的书吗？　　　　　　　　　　　　　　　（　）

42. 儿子，你在做什么呀？　　　　　　　　　　　　　　　　（　）

43. 玛丽，你想去哪个国家旅游呀？　　　　　　　　　　　　（　）

44. 冰玉，祝你生日快乐！这是我送给你的礼物，希望你能喜欢。（　）

45. 你觉得我们住这个宾馆怎么样？　　　　　　　　　　　　（　）

第 46－50 题

A 你下星期怎么回家？坐汽车吗？

B 今晚的表演怎么样？应该很好看吧？

C 这个教室真大，而且也很干净，能在这样的环境里学习真好！

D 今天中午你想吃什么，米饭还是面条儿？我做给你吃。

E 这山太高了，走上去一定很累，我看我们还是坐车上去吧。

46. 都不想吃，我们今天去饭馆儿吃怎么样？　　　　　　　　（　　）

47. 一点儿也不好看，我真不应该去看。　　　　　　　　　　（　　）

48. 不要，我们可以一边走一边玩儿，还能锻炼身体呢！　　　（　　）

49. 不，我想坐火车回去，因为我想快点儿到家。　　　　　　（　　）

50. 那你一定要认真听课，好好儿读书啊！　　　　　　　　　（　　）

第二部分

第 51-55 题

A 疼   B 新鲜   C 绿   D 图书馆   E 声音   F 口

例如：她说话的（ E ）多好听啊！

51. 李明想先去（　）借几本书，带回家去看看。

52. 小张的腿很（　），都不能走路了。

53. 你家有六（　）人，这辆车能坐下吗？

54. 我想吃（　）的水果，一会儿吃完晚饭一起去超市吧。

55. 我喜欢春天，因为春天是（　）色的，能让人快乐。

第 56-60 题

A 热情　　B 洗澡　　C 裙子　　D 爱好　　E 甜　　F 一共

例如：A：你有什么（ D ）？
　　　B：我喜欢体育。

56. A：我刚刚在（　　），你找我有事吗？
　　B：没什么大事，就是想问问你晚上想吃什么。

57. A：明天有多少个人去看李老师？
　　B：加上你和我，（　　）有七个人。

58. A：我妈妈对人很（　　），你不要担心了。
　　B：那你说我应该买点儿什么送阿姨呢？

59. A：来杯咖啡？
　　B：不，我今天想喝点儿（　　）果汁。

60. A：奶奶，这条（　　）都旧得不能穿了，还要它干什么呀？
　　B：旧衣服有别的用，不能把它扔了。

第三部分

第 61-70 题

例如：您是来参加今天会议的吗？您来早了一点儿，现在才 8 点半。您先进来坐吧。

　　★ 会议最可能几点开始？

　　　A 8 点　　　　　　B 8 点半　　　　　　C 9 点 ✓

61. 山木才学了三个月的汉语，现在说得还不是太好，我真的很担心他这次的比赛，害怕他说不好，影响他以后学汉语的心情。

　　★ 山木：

　　　A 心情不好　　　　B 要参加比赛　　　　C 汉语说得很好

62. 我今天早上起床晚了，没有吃早饭就去上学了，课上到一半就快饿死了，早知道这样，真该买一个面包带到学校吃。

　　★ 根据这段话，可以知道，"我"：

　　　A 没吃早饭　　　　B 上课迟到了　　　　C 起得很早

63. 这个游泳馆有两个游泳池，一个是大人游泳的地方，一个是小孩子游泳的地方，人们游累了可以到游泳池旁边的台子上去休息。

　　★ 根据这段话，这个游泳馆：

　　　A 有休息的地方　　B 有很多游泳池　　　C 不让孩子进来

64. 小王的女朋友很喜欢吃中国菜，所以小王常带她一起去中国饭馆儿吃饭，每次去他们都点好几个菜，她都会吃得很多。

　　★ 小王的女朋友：

　　　A 是中国人　　　　B 爱吃中国菜　　　　C 想来中国旅游

65. 汽车旅游文化节将在下个月的15号开始,一个星期后结束。今年我们将在上海举行这次活动,希望这次活动能让上海人了解一些关于汽车旅游的新信息。
   ★ 根据这段话,汽车旅游节:
   A 还没举行　　　　B 下月20号结束　　C 参加的人不多

66. "月光族"指的是那些花钱大手大脚,每个月几乎把自己的钱都花完的人。虽然这些"月光族"每个月都剩不下多少钱,但是他们相信明天会更好。
   ★ "月光族":
   A 想去旅游　　　　B 喜欢花钱　　　　C 没有工作

67. 大家好,我是你们的老朋友楠楠,欢迎大家收看今天的"自驾游好帮手"。今天我们就来说说自己开车出去旅游的好处。
   ★ 楠楠现在在:
   A 旅游　　　　　　B 开车　　　　　　C 做节目

68. 小静的妈妈是一位音乐老师。因为妈妈的影响,她从小就很喜欢音乐,现在在中国音乐学院学习。
   ★ 小静:
   A 还在上学　　　　B 不喜欢音乐　　　C 是音乐老师

69. 学习汉语就要多听别人说话,多和他人说话,不要害怕别人笑话自己说错了,只有这样,我们才能学好汉语。
   ★ 学习汉语要:
   A 多上网　　　　　B 多交朋友　　　　C 多听多说

70. 现在是吃饭的时间,但是这个饭馆儿的人这么少,可能这家饭馆儿的菜不太好吃,我看我们还是去其他地方看看吧。
   ★ 这家饭馆儿:
   A 人不多　　　　　B 饭菜好吃　　　　C 菜价很贵

三、书 写

第 一 部 分

第 71-75 题

例如：小船　　上　　一　　河　　条　　有

　　　河上有一条小船。

71. 每天　　早上　　爷爷　　起床　　六点

72. 邻居家　　想去　　玩儿　　我　　一会儿

73. 这个　　我　　对　　很　　帽子　　满意

74. 选择　　我们　　都　　认真地　　需要

75. 能　　你　　把　　带给　　这本书　　吗　　李奶奶

第 二 部 分

第 76－80 题

例如：没（guān 关）系，别难过，高兴点儿。

76. 王老师刚（cái　　）出去了，你找他有事吗？

77. 银行的（dōng　　）面就有一家饭馆儿，我们去那儿吃吧。

78. 这是我刚买的《世（jiè　　）汉语教学》，你拿回去看看吧。

79. 你现在会（yòng　　）中国的筷子了吗？

80. 我上午就完（chéng　　）了今天一天的工作。

听力材料

（音乐，30秒，渐弱）

大家好！欢迎参加 HSK（三级）考试。
大家好！欢迎参加 HSK（三级）考试。
大家好！欢迎参加 HSK（三级）考试。

HSK（三级）听力考试分四部分，共 40 题。
请大家注意，听力考试现在开始。

第一部分

一共 10 个题，每题听两次。

例如：男：喂，请问张经理在吗？
　　　女：他正在开会，您半个小时以后再打，好吗？

现在开始第 1 到 5 题：

1. 女：这个字读什么呀？我查了半天字典都没查到。
   男：我帮你查一下吧，你先写其他的。

2. 女：这是妈妈昨天在超市买的碗，漂亮吧？
   男：很漂亮，多少钱？

3. 男：你看这张结婚照片怎么样？我觉得这张你笑得很好看！
   女：这张不错，但是我觉得上一张更好。

4. 女：你儿子真爱运动，哪像我儿子，一天到晚就知道上网！
   女：那你明天带他过来和我儿子一起打篮球吧。

5. 女：哥哥，爸爸买了水果回来，你出来吃点儿吧。
   男：好，我听完这首歌就来，你先吃吧。

现在开始第 6 到 10 题：

6. 男：你明天怎么去上海？
   男：这里离上海这么近，我当然是开车去了。

7. 女：我们去那边买点牛奶吧。
   女：好啊，那边人很多，不知道发生了什么事，我们过去看看吧。

8. 男：那位漂亮的医生是谁啊？我好像在哪儿见过她。
   女：她是张红的姐姐，上次我们去张红家吃饭不是见过她吗？

9. 男：你家孩子眼睛真大，真好看！
   女：谢谢，他长得像他爸爸。

10. 女：爷爷，这本书里怎么有这么多好看的画儿啊？
    男：有了这些画儿，你们小孩儿才喜欢看啊。

第二部分

一共 10 个题，每题听两次。

例如：为了让自己更健康，他每天都花一个小时去锻炼身体。
　　★ 他希望自己很健康。

　　今天我想早点儿回家。看了看手表，才 5 点。过了一会儿再看表，还是 5 点，我这才发现我的手表不走了。
　　★ 那块儿手表不是他的。

现在开始第 11 题：

11. 王红同学，你必须还了上一本再来借下一本，因为学校要求每个人每次在图书馆只可以借一本书。
    ★ 王红是一名老师。

12. 叔叔,我要这个颜色的鞋,不过你能不能给我换一双干净点儿的?这双大家经常试穿,有点儿脏了。
    ★ 她正在买东西。

13. 李娜,你昨天晚上看新闻了吗?新闻上说这两天我们这儿会下大雨,看来我们这几天不能出去玩儿了。
    ★ 李娜现在正在看新闻。

14. 每个星期我们都会有两节体育课。每次上体育课我们都特别高兴,因为这样我们就可以到教室外面玩儿了。
    ★ 学生喜欢上体育课。

15. 明天爷爷想带我和妹妹去动物园看大熊猫,但是妹妹突然发烧了,所以我们决定下个星期天再去。
    ★ 他们明天不去动物园了。

16. 小赵才工作两年就买了一辆新车,而小刘都工作五年了,还每天坐公共汽车上班。
    ★ 小赵现在天天坐公共汽车上班。

17. 小明,超市上午8点才开门呢。现在才7点半,你去这么早干什么,我们还是过十几分钟再出门吧。
    ★ 超市8点半开门。

18. 司机,我要坐10点的飞机,现在已经8点了,您能不能再开快一点儿?我可不想上不了飞机。
    ★ 现在是8点15分。

19. 小丽,你明天和我们一起去爬山吧。星期六在家也没有什么事儿做,就当去锻炼锻炼身体好了。
    ★ 明天他们不用去上学。

20. 奶奶,这几天这么冷,您怎么不多穿点儿衣服呢?您看您已经感冒了,还在吃药,下次一定要注意,多穿点儿衣服。
    ★ 奶奶生病了。

第三部分

一共10个题,每题听两次。

例如:男:小王,帮我开一下门,好吗?谢谢!
　　　女:没问题。您去超市了?买了这么多东西。
　　　问:男的想让小王做什么?

现在开始第21题:

21. 男:明天和我一起去参加一个会议吧?
    女:好啊,但是你今天要先和我一起去买条裙子。
    问:他们今天打算做什么?

22. 男:你写完作业了吗?
    女:没有,刚才把数学写完了,历史还没写呢!
    问:关于女的,可以知道什么?

23. 男:来这里学汉语的有很多20多岁的年轻人,但也有60多岁的老人。
    女:那我还不到50呢,到你们这儿学习还不算大。
    问:女的可能多大了?

24. 女:请问附近有地铁站吗?
    男:有,穿过这个公园,再往前走20米,中国银行后面就是。
    问:女的想要去哪儿?

25. 男:奶奶,您最近身体好吗?什么时候来北京看我啊?
    女:上海离北京这么远,我看还是等你放暑假来上海看我好了。
    问:他们正在做什么?

26. 女：你怎么了？有心事吗？
    男：不是，我感冒了，觉得一会儿冷一会儿热，很不舒服。
    问：关于男的，可以知道什么？

27. 女：老师，我看不到黑板上的字，您能不能写大一点儿？
    男：好的，没有问题。
    问：关于女的，可以知道什么？

28. 女：这里的环境真好，房子后面还有一个小花园呢！
    男：你喜欢，那我们就买这里的房子好了。
    问：他们正在做什么？

29. 男：你好，请问是张老师家吗？
    女：不好意思，你打错了，这里是天一公司。
    问：根据对话，可以知道什么？

30. 女：张强，要喝点儿啤酒吗？
    男：不用了，一会儿还要开车呢，来杯果汁吧。
    问：张强想要什么？

第四部分

一共10个题，每题听两次。

例如：女：晚饭做好了，准备吃饭了。
　　　男：等一会儿，比赛还有三分钟就结束了。
　　　女：快点儿吧，一起吃，菜冷了就不好吃了。
　　　男：你先吃，我马上就看完了。
　　　问：男的在做什么？

现在开始第31题：

31. 男：你觉得这个房间怎么样？
    女：这个房间很大，也很干净。

男：那我们就要这间吧？
女：还是再看看吧，我觉得每个月一千块钱有点儿贵。
问：关于这个房间，可以知道什么？

32. 男：你好，请问到北京体育大学坐几路车？
    女：对不起，我也不知道。
    男：没关系，我再问问其他人吧。
    女：不好意思啊！
    问：男的正在做什么？

33. 男：圣诞节快到了，你想好去哪儿旅游了吗？
    女：我去过法国了，也去过美国了。
    男：那这次我们去日本怎么样？
    女：我也去过了，要不我们这次去中国吧。
    问：女的这次想去哪儿旅游？

34. 女：你汉语说得真好，来中国几年了？
    男：三年了，我在这里当老师，汉语是跟我的中国学生学的。
    女：那你教他们什么呀？
    男：外国历史。
    问：关于男的，可以知道什么？

35. 女：刘刚，今天晚上你想吃什么？
    男：我们好长时间没吃面条儿了，吃面条儿吧！
    女：可是家里没有面了，要不我们先去超市买面吧？
    男：好啊，我和你一起去。
    问：女的想先做什么？

36. 男：你的手机真漂亮，在哪里买的呀？
    女：就在百货大楼啊，你喜欢的话，下次我和你一起去买。
    男：好啊，我正想换一个手机呢。那你什么时候有时间和我去买呢？
    女：这个周末我就有时间。

问:男的想做什么?

37. 女:我要去买东西,你有什么要买的吗?我帮你带回来。
    男:多买点儿吃的,放在冰箱里,等你回老家的时候我再吃。
    女:冰箱昨天上午就不能用了。
    男:那我一会儿打电话找人来看看。
    问:根据对话,可以知道什么?

38. 男:阿姨,小刚在家吗?
    女:他出去买东西了,一会儿就回来,你进来等他一会儿吧。
    男:不用了,我还要去学车。您帮我把这本书还给他吧。谢谢阿姨!
    女:好的,不用谢。
    问:男的在做什么?

39. 女:李亮,昨天会议都讲了点儿什么呀?
    男:昨天下午你没来开会吗?
    女:没有,我家孩子生病了,我带他去医院看病了。
    男:就讲了讲下个月公司的计划,你一会儿到经理办公室问问吧。
    问:他们可能是什么关系?

40. 女:你看这件衬衫怎么样?
    男:颜色很好看,就是有点儿大了。
    女:那我再换件小一点儿的?
    男:好啊,你喜欢就试试吧。
    问:男的觉得这件衬衫怎么样?

听力考试现在结束。

答 案

一、听力

第一部分

1. F 2. A 3. E 4. C 5. B
6. B 7. E 8. D 9. A 10. C

第二部分

11. × 12. √ 13. × 14. √ 15. √
16. × 17. × 18. × 19. √ 20. √

第三部分

21. B 22. C 23. B 24. C 25. C
26. B 27. A 28. B 29. B 30. C

第四部分

31. B 32. A 33. B 34. A 35. B
36. C 37. B 38. B 39. B 40. A

二、阅读

第一部分

41. D 42. A 43. F 44. C 45. B
46. D 47. B 48. E 49. A 50. C

第二部分

51. D 52. A 53. F 54. B 55. C
56. B 57. F 58. A 59. E 60. C

第三部分

61. B 62. A 63. A 64. B 65. A
66. B 67. C 68. A 69. C 70. A

— 21 —

三、书 写

第一部分

71. 爷爷每天早上六点起床。/每天早上爷爷六点起床。
72. 我想去邻居家玩儿一会儿。/我一会儿想去邻居家玩儿。
73. 我对这个帽子很满意。
74. 我们都需要认真地选择。
75. 你能把这本书带给李奶奶吗？

第二部分

76. 才
77. 东
78. 界
79. 用
80. 成